AF200335

Captain Heckert

Winke für die Leitung des Infanterie-Feuers gegen Infanterie,

Kavallerie und Artillerie

Captain Heckert

Winke für die Leitung des Infanterie-Feuers gegen Infanterie, Kavallerie und Artillerie

ISBN/EAN: 9783744620505

Hergestellt in Europa, USA, Kanada, Australien, Japan

Cover: Foto ©ninafisch / pixelio.de

Weitere Bücher finden Sie auf **www.hansebooks.com**

Winke

für die

Leitung des Infanterie-Feuers

gegen

Infanterie, Kavallerie und Artillerie

von

Heckert,

Hauptmann und Kompagnie-Chef im Infanterie-Regiment
Graf Kirchbach (1. Niederschles.) Nr. 46.

Berlin 1889.

Ernst Siegfried Mittler und Sohn

Königliche Hofbuchhandlung

Kochstraße 68—70.

Vorwort.

Nachfolgende Arbeit ist bereits in unwesentlicher Abänderung als „Winke für die Infanterie-Feuerleitung" in drei Juli-Nummern des Militär-Wochenblattes 1889 erschienen. Mannigfache bezügliche Anfragen seitens der Kameraden haben mich veranlaßt, die kleine Studie durch Umwandlung in Broschürenform weiteren Kreisen leichter und als Eigenthum zugänglich zu machen.

Durch dieses Verfahren soll außerdem mehr Gelegenheit gegeben werden, den Streit der Meinungen, in welchen hoffentlich auch die Kameraden der Artillerie und Kavallerie im Interesse der Sache eintreten werden, zu entfachen. Der Gegenstand ist von so großer — in den Gefechten der Zukunft vielleicht ausschlaggebender — Bedeutung, daß er auf die eine oder die andere Weise mehr wie bisher in den Vordergrund gerückt werden muß.

Posen, im Oktober 1889.

Heckert,
Hauptmann.

Inhalt.

Einleitung.

Die Feuerleitung der Infanterie ist eine Kunst, ebenso wichtig, aber schwieriger und jünger, als die der Artillerie! Erst nachdem wir im Kriege 1870/71 an uns selbst die Wirkung des auf weite Entfernungen abgegebenen Infanterie-Massenfeuers erfahren hatten, brachten die Miegschen Theorien und die bezüglichen auf diesen aufgebauten Bestimmungen der Schießvorschriften in die Leitung des Abtheilungsfeuers ein System, dessen Schlußstein jüngst das neue Exerzir-Reglement gelegt hat.

Es fehlen uns mithin noch zwei Faktoren, welche unsere Schwesterwaffe reichlich besitzt, nämlich Routine und Kriegserfahrung. Dazu kommt, daß das Geschütz von den Fehlern und Eigenthümlichkeiten der Bedienungsmannschaften ziemlich unabhängig ist, daß fast jeder Schuß kontrolirt werden kann und daß das Geschoß, wenn auch das Ziel nicht direkt getroffen ist, dennoch wirkt. Bei der Infanterie dagegen wird jedes Gewehr von einem physischen und seelischen Einflüssen unterworfenen Individuum gehandhabt, die Beobachtung und deshalb Verbesserung der Wirkung ist schwer, und fast jede nicht direkt treffende Kugel ist verloren.

Unter solchen Umständen wächst die Verpflichtung jedes Infanterieführers, das Seinige zu der Pflege dieser Kunst beizutragen, und dies um so mehr, als heute die Gewehre aller in Betracht kommenden Armeen von gleicher Güte sind, mithin die Ueberlegenheit in der besseren Verwerthung der Waffe gesucht werden muß. Es sollte deshalb keine Uebung bezw. Vorübung im gefechtsmäßigen Abtheilungs-schießen, keine Felddienstübung und kein Gefechts-exerziren abgehalten werden, ohne daß die Feuerleitung dabei besonders betont wird und von jedem einzelnen Führer Regeln und Erfahrungen für diese Kunst gesammelt werden.

Zu einer solchen Sammlung boten die diesjährigen Kompagniebesichtigungen günstige Gelegenheit. Zum ersten Male wurden in der Garnison des Verfassers im Sinne des neuen Reglements die Kompagnien nach Vollendung ihrer Exerzirausbildung nicht bloß auf dem Exerzirplatz, sondern auch im Gelände besichtigt, damit sie zeigen konnten, wie weit die Führer in der Feuerleitung, die Leute in der Feuerdisziplin gefördert waren. Verfasser hat diesen sämmtlichen Besichtigungen beigewohnt und will in Nachstehendem versuchen, zu obigem Zwecke in applikatorischer Weise aus dem Verhalten der Führer und Mannschaften praktische Folgerungen und Lehren für die Infanterie-Feuerleitung zu ziehen. Zu Grunde sollen hierbei diejenigen Anforderungen gelegt werden, welche die Schießvorschrift an die Feuerleitung stellt. Denn erstere erklärt diesen Begriff schärfer, umfassender und übersichtlicher als das Exerzir=Reglement und faßt im § 40 in sieben Nummern die verschiedenen Obliegenheiten zusammen, an deren Hand wir das Verhalten der einzelnen Kompagnien in rein sach= licher Weise prüfen wollen.

1. Wahl der Stelle zur Aufnahme des Feuer= gefechts und sachgemäße Entwickelung der Truppe.

Fast überall begann das Gefecht mit dem Er= scheinen einer feindlichen Batterie. Daß jede einzelne Kompagnie auf diese Batterie über= haupt Feuer gab, ist eine an sich interessante und für die Gefechte der Zukunft zu beherzigende Er= scheinung, welche auch im neuen Reglement (II. Nr. 33) gutgeheißen ist.

Für die Wahl der Feuerstellung war im Sinne des Reglements (II. Nr. 51) zunächst der Grundsatz maßgebend, daß über 1000 m der Artil= lerie die Ueberlegenheit beiwohnt, von 1000 m ab= wärts aber allmälig das Feuer der Infanterie die Oberhand gewinnt. Deshalb arbeiteten sich die Kom= pagnien, ehe sie das Feuer eröffneten, auf die „mitt= leren" Infanterie=Entfernungen heran.

Die Formation beim Vorgehen bis zur Feuereröffnung war überall die geschlossene Linie. Es entspricht dies ganz der Bestimmung der Schieß= vorschrift (§ 38, S. 93, letzter Absatz), nach welcher auf weiteren Entfernungen Kolonnen mehr gefährdet sind, als Linien. Selbst da, wo das Gelände vorübergehend der Kolonne mehr Deckung geboten hätte, wurde auf Formationsveränderung im feindlichen Feuer um so lieber verzichtet, als die indirekte Wirkung der einmal feuernden Artillerie den gedeckten Kolonnen mehr geschadet hätte, als die direkte den ungedeckten Linien. Es liegt die Frage nahe, ob nicht die noch flachere und mit Zwischenräumen versehene Schützenlinie für die Bewegung im Artilleriefeuer der geschlossenen Linie vorzuziehen ist. Indessen überwiegt hier doch der Nachtheil der Schwierigkeit der Leitung, besonders der Direktionsänderung und des Ueberganges zu anderen, sich inzwischen aufdrängenden Gefechtsaufgaben bei Weitem den Vortheil geringerer Verluste. Letzterer Vortheil ist außerdem deshalb geringer, als man glauben möchte, weil die Schützenlinie wegen ihrer größeren Ausdehnung während der Vorwärtsbewegung seltener Schutz im Gelände findet, als die geschlossene Linie.

Beim Feuern selbst wurde bei der einen Kompagnie die geöffnete, bei der anderen die geschlossene Ordnung angewandt. Wenn sich über die erstere während der Bewegung streiten ließ, so fällt im Zustand der Ruhe zunächst die Schwierigkeit der Leitung fort: Zug- und Gruppenführer treten ein, wo Kommando und Befehl des Kompagniechefs nicht ausreicht. Sodann sind die Verluste in der Schützenlinie deshalb geringer, weil der einzelne Mann sich besser decken kann und weil Zwischen

räume zum Durchgehen der feindlichen Geschosse vor=
handen sind. Letzteren Grund hört man allerdings
nicht selten als hinfällig bezeichnen, weil die Schützen=
linie wegen dieser Zwischenräume eine größere Breite
einnimmt und deshalb auch einer entsprechend größeren
feindlichen Feuerfront ausgesetzt sei. Nach dieser
Theorie jedoch wäre die schmalste Front die beste.
So wenig ernsthaft daher dieser Einwand genommen
werden darf, so soll doch noch darauf hingewiesen
werden, daß in unserem Falle die feindliche Batterie
ihr Feuer sinngemäß auf die Breite der zu be=
schießenden Kompagniefront vertheilt hätte, und die=
jenigen Schrapnels, welche sie auf die Flügel einer
Schützenlinie gerichtet hatte, schwerlich neben die
Flügel der geschlossenen Linie vorbeisenden würde.
Mehr noch als die Verlustfrage spricht aber die
eigene Feuerwirkung für die Schützenlinie: In letz=
terer zieht der Pulverdampf besser ab, die Leute sind
im Anschlag nicht durch Neben= und Hinterleute be=
hindert, jeder Mann kann die ihm bequemste Körper=
lage wählen und das Gelände zum An= und Auf=
legen des Gewehrs benutzen, schließlich bleiben die
Schützen ruhiger, weil die Verluste geringer sind.
Wenn mithin die Schützenlinie bessere Feuerwirkung,
geringere Verluste und keine größere Leitungsschwie=
rigkeit als die geschlossene Linie hat, so stellen wir
uns auf Seite derjenigen Kompagnien, welche die
feindliche Batterie in aufgelöster Ordnung beschossen.

Was die Anschlagsart betrifft, so wurde so=
wohl stehend, als auch knieend, als auch liegend

geschossen. Es ist diese Verschiedenheit durchaus
nicht gleichgültig, sondern verdient folgende prüfende
Erwägung: Die Schrapnelwirkung der Artillerie ist
eine regenartige; die kleinsten Einfallwinkel der Ge=
schosse sind immer noch so groß, daß ein liegender
Infanterist eine größere Trefffläche und mehr An=
griffspunkte bietet, als ein knieender. Andererseits
beträgt die niedrige Sprengpunktlage des Schrapnels
1 bis 1,5 m, so daß ein stehender Infanterist von
einem Theil der oberen Geschoßgarbe noch getroffen
wird, während dieser Theil über den knieenden Mann
hinweggeht. Hieraus folgt, daß vom Standpunkt
der Verlustfrage aus der knieende Anschlag gegen
antwortende Artillerie der beste ist. Dieser Wahr=
heit wird sich auch die Anlage der künstlichen bezw.
die Benutzung der natürlichen Deckungen fügen müssen.
Der liegende Schützengraben ist Artillerie gegenüber
unter allen Umständen zu vermeiden und der knieende
vorzuziehen. Letzterer dürfte auch vor dem stehenden
deshalb den Vorzug haben, weil er — der knieende —
weniger Zeit und Kraft für die Herstellung ver=
langt und, beinahe ebenso gut wie der stehende, er=
möglicht, dicht an die innere Seite der Deckung
heranzutreten. Der Einwand, daß der feindlichen
Artillerie liegende Infanterie ungünstigere Zielobjekte
bietet als knieende und stehende, war bei dem bisher
vorhandenen Pulverrauch hinfällig, denn die Artillerie
zielte auf die Rauchwolke der feuernden Infanterie.
Wie dies beim rauchfreien Pulver werden wird,
bleibt abzuwarten; vielleicht wird in Zukunft die

Artillerie im Kampfe mit der Infanterie auf nähere Entfernungen heranrücken müssen, um überhaupt zielen zu können; hiermit aber gewinnt die Infanterie an Uebergewicht über die Artillerie. Das aber kann heute schon mit Sicherheit gesagt werden, daß, um gleichzeitig Verluste zu vermeiden und der Artillerie das Zielen zu erschweren, die knieenden und auch stehenden Infanterie-Deckungen vollständig eingeschnitten sein müssen.

Auch über die Anzahl der Gewehre, welche zur erfolgreichen Bekämpfung der Batterie für nöthig gehalten wurde, herrschten verschiedene Ansichten. — Während die eine Kompagnie alle drei Züge einsetzte, erachteten andere zwei Züge, einige auch einen Zug für ausreichend. Bei vielen Kompagnien schoß die als Spitze vorgesandte Gruppe so lange allein auf die Batterie, bis die Verstärkung von hinten heran war. Wenn dieses Spitzenfeuer auch nur den Zweck der Beunruhigung, nicht den irgend eines Schußresultates haben konnte, so verlohnt es doch der Mühe, zu untersuchen, wie gering der Trefferfolg gewesen, und welche Stärken nöthig waren, um die Batterie erfolgreich zu bekämpfen. Das neue Exerzir-Reglement spricht (II. Nr. 51) nur im Allgemeinen von der Bekämpfung der Artillerie durch Infanterie und läßt die Stärkeverhältnisse unerwähnt. Auch die Schießvorschrift giebt über letztere keinen direkten Anhalt, wohl aber lassen sich indirekt aus dem § 38 sowie aus den Figuren 5 und 5 a der Tafel interessante bezügliche Schlüsse ziehen. Nehmen wir als

Entfernung der Spitze von der Batterie im Moment
der Feuereröffnung 700 bis 800 m an. Die hierzu
nöthigen Visire 700 und 800 m bestreuen einen
Raum von etwa 200 m, welcher ungefähr auf
650 m beginnt und auf 850 m aufhört. Der Kern
der Geschoßgarbe gruppirt sich hierbei auf etwa
750 m um das beabsichtigte Ziel. Aus wieviel
Kugeln besteht aber dieser Trefferkern? Nach der
Figur 5 a der Tafel allerhöchstens aus 40%! Und
welche Tiefenausdehnung hat er? Nach derselben
Figur etwa ein Fünftel bis ein Sechstel der ganzen
Streuungstiefe. Mithin würde das Feuer einer zehn
Mann starken Spitze bei einem Schuß pro Gewehr
im allergünstigsten Falle vier Kugeln auf den Raum
von 30 bis 40 m bringen. Dieses Resultat wäre
immer noch annehmbar, wenn das beschossene Ziel
nach Höhe, Breite, Tiefe und Dichtigkeit günstige
Treffflächen böte und obige vier Kugeln in sich auf=
nähme. Solche Eigenschaften besitzt aber das Geschütz
keineswegs. In abgeprotztem Zustande hat es eine
Tiefe von etwa 25 Schritt, aber es ist schmal (etwa
2 Schritt), niedrig (häufig ist eben nur die Mündung
zu sehen) und nichts weniger denn dicht (zwischen
Geschütz und Protze sind mindestens 8 Schritt Zwi=
schenraum). Es ist also nicht schlecht gerechnet, wenn
von obigen vier Kugeln nur eine auf das Geschütz
geschrieben wird. Nun bietet letzteres aber in dem
Rohre, den Rädern, dem Protzkasten u. s. w. nur
todte Ziele, welche auf 750 m von Infanteriekugeln
schwerlich leiden werden; die lebenden Ziele bestehen

aus sechs zerstreut sich bewegenden Bedienungsmann=
schaften und aus sechs geschlossen stehenden Pferden
mit drei Fahrern. Mithin können selbst dann, wenn
das beschossene Geschütz nicht antwortet, und selbst
dann, wenn die Entfernung zwischen 700 und 800 m
richtig geschätzt war, die gegen Mannschaften und
Pferde eines Geschützes wirkenden Kugeln einer In=
fanteriespitze nur Zufallstreffer sein. Die Schieß=
vorschrift trägt einem solchen Resultat auch Rechnung,
indem sie im § 39, S. 96, sagt: „Abtheilungen
unter Zugstärke mit zwei Visiren schießen zu lassen,
ist nicht vortheilhaft", ebenda aber, unter Nr. 2,
befiehlt, daß bei Entfernungen über 600 m zwei
Visire genommen werden müssen. Es folgt hieraus,
daß über 600 m Abtheilungen unter Zugstärke über=
haupt nicht, am wenigsten aber auf schwer zu treffende
Artillerie schießen sollen.

Entsprechend günstiger stellt sich das Exempel
beim Zuge. Vorweg mag betont werden, daß die
bisher stillschweigend gemachte Annahme, die Spitze
konzentrire ihr Feuer auf ein Geschütz der Batterie
und vertheile es nicht gleichzeitig auf alle Geschütze,
auch beim Zuge gilt, andernfalls entstände auch hier
sofort der äußere und innere Widerspruch mit der
eben angeführten Bestimmung der Schießvorschrift.
Ferner kommt es beim Zuge, dessen Stärke ja be=
sonders im Kriege wechselt, während die Feuerkraft
des Geschützes immer dieselbe bleibt, auf die Anzahl
der Gewehre an. Ein kriegsstarker Zug hat etwa
70 Gewehre, bei der Vorstellung waren durchschnitt=

lich etwa 35 Gewehre vertreten. Von diesen 35 ent=
sandten Kugeln schlagen idcell nach Obigem etwa
14 Kugeln als Trefferkern in den Raum von 30 bis
40 m, oder etwa 10 Kugeln in den vom abgeprotzten
Geschütz eingenommenen Platz von 25 m Tiefe ein.
Zieht man von diesem Resultat den Zwischenraum
zwischen Geschütz und Protze, ferner die niedrige
Zielhöhe, schließlich das nicht zu beschädigende Ma=
terial ab, so mag für die lebenden Zielobjekte
immerhin ein Treffer übrig bleiben. Mithin wäre
ein Zug von 35 Mann mit etwa 15 bis 20 Schuß
pro Gewehr im Stande, ein Geschütz todt zu
machen. Wohl verstanden ein Geschütz, nicht aber
sinngemäß eine Batterie. Denn eine Batterie ist hier
etwas anderes als die Summe von 6 Geschützen:
Der eine Infanteriezug müßte zunächst 6×15 bis
$20 = 90$ bis 120 Kugeln verschießen. Hierzu reicht
aber seine Kriegschargirung nicht aus, jedenfalls
würde er sich vollständig verschießen. Ferner dürfte
er weder Zeit noch Gelegenheit haben, ein Geschütz
nach dem andern abzuthun, — keine Zeit, weil eine
feindliche Batterie auf 750 m kaum so lange von
· eigener Infanterie entblößt sein wird, bis sie geschütz=
weise außer Gefecht gesetzt ist, — keine Gelegenheit,
weil die nicht beschossenen Geschütze voraussichtlich
sich gegen den feuernden Infanteriezug mit Erfolg
wenden werden. Aber, wie gesagt, für ein Geschütz
reicht der in Rede stehende Zug mit etwa 15 bis
20 Schuß pro Gewehr aus. Und hieraus folgt,
daß, um mit derselben Schußanzahl eine feindliche

Batterie von 6 Geschützen niederzukämpfen, 6 Züge, d. h. 2 Kompagnien, nöthig sind. Daß nähere bezw. weitere Entfernungen, richtige oder falsche Schätzungen, längere oder kürzere disponible Zeit, größere oder geringere Wirkung der feuernden Batterie auf uns das Stärkeverhältniß ändern müssen, liegt auf der Hand. Für die Besichtigungsübung, bei welcher stets nur einer Kompagnie die Bekämpfung der Batterie oblag, war es mithin nothwendig, nicht bloß alle drei Züge zu entwickeln, sondern auch das Doppelte der eben berechneten Patronenanzahl, d. h. 30 bis 40 Schuß pro Gewehr, zur Erreichung des Zweckes einzusetzen. —

Nach Beschießung der Artillerie trat nach Anlage der Uebung feindliche Infanterie in die Erscheinung. Die Stärke-Entwickelung gegen diese mußte anderen Gesichtspunkten als gegen die Artillerie unterliegen. Hier waren es hauptsächlich drei Bestimmungen des neuen Exerzir-Reglements, welche, je nachdem sie aufgefaßt wurden, zu Verschiedenheiten in der Stärke der Schützenlinie führten:

1) Daß die allein fechtende Kompagnie sich einen Unterstützungstrupp zurückzubehalten hat,

2) daß die erste Schützenentwickelung sparsam sein und die Feuerkraft allmälig verstärkt werden soll,

3) daß Feuerüberlegenheit über den Feind anzustreben ist.

Die meisten Kompagnien bevorzugten die ersten beiden Anforderungen auf Kosten der dritten und entwickelten, trotzdem ihnen ein, ja zwei und noch mehr feindliche Züge bereits gegenüberstanden, doch nur einen Zug, den sie nachher durch einen zweiten verstärkten, während sie den dritten als Unterstützungs= trupp bis kurz vor der Entscheidung hinter einen Flügel nahmen.

Diese Erscheinung rechtfertigt den Hinweis, daß die zuerst sparsame Schützenentwickelung im Reglement den Sinn einer rekognoszirenden Einleitung hat (II. Nr. 63). Wenn aber die Verhältnisse beim Feinde so klar liegen, wie es hier der Fall war, so ent= spricht es durchaus den Bestimmungen, daß von vornherein eine Feuerüberlegenheit angestrebt wird (II. Nr. 23 und 82), welche bei Friedensübungen nicht anders als durch eine größere Gewehranzahl zum Ausdruck gebracht werden kann. Einem feindlichen Zuge gehören, wenn die Angriffsrichtung einmal be= schlossen und genommen ist, sofort zwei eigene gegenüber, denn das spätere Verstärken durch den zweiten Zug hat sonst nur den Charakter eines Ver= lustersatzes, also eines Erhaltens, nicht einer Steige= rung der Feuerkraft. Sogar das sofortige Auflösen aller drei Züge zum Zweck der Feuerüberlegen= heit brauchte bei denjenigen Kompagnien nicht gescheut zu werden, welche nach Annahme des Leitenden in einem Verbande kämpften: Die Avantgarden= und die Seitendeckungs=Kompagnien hatten in dem Rest des Bataillons hinter oder neben sich Rückhalt genug, um das ängstliche Zurückhalten eines geschlossenen Zuges zu vermeiden, und diejenigen Arrieregarden= Kompagnien, welche hinter sich Aufnahme=Kompagnien wußten, hatten ebenso wenig wie letztere selbst ein reglementarisches Hinderniß, die ganze Kompagnie zum Feuergefecht aufzulösen. Daß die allein kämpfenden Kompagnien sich sträubten, von vornherein trotz Feuerunterlegenheit alle drei Züge aufzulösen, mag sich aus Nr. 92, Theil II, des Exerzir-Reglements rechtfertigen, obwohl ein Zwang hierzu nicht herauszulesen ist. Jedenfalls möchten wir unter keinen Umständen als Motiv für das Zurückhalten eines geschlossenen Zuges die Anwesenheit feindlicher Kavallerie anerkennen. Wenn schon die bloße Gegenwart derselben für die Art unserer Gefechtsentwickelung von Einfluß ist, dann hat sie bereis dadurch einen wichtigen Zweck erreicht und uns im vorliegenden Falle gezwungen, die Gewehre eines eigenen ganzen Zuges unthätig bleiben zu lassen.

Zum schließlichen Sturm bezw. zum Abschlagen des Sturmes setzten alle bezüglichen Kompagnien den Unterstützungstrupp ein, und zwar entweder im Sinne des zweiten Absatzes der Nr. 94 des Exerzir-Reglements geschlossen, theils mit, theils ohne vorherige Feuerabgabe, oder aber aufgelöst mit Ausnutzung seiner Feuerkraft.

Erstere Kompagnien standen voraussichtlich noch im Banne der feindlichen Kavallerie, und der Erfolg gab ihnen insofern Recht, als der geschlossen vorstürmende Zug Gelegenheit fand, die Kavallerie-Attacke abzuschlagen. Ob diese Geschlossenheit aber möglich gewesen wäre, wenn die feindliche Infanterie nicht mit Platz-, sondern mit scharfen Patronen geschossen

hätte, mag dahingestellt bleiben. Jedenfalls bereitete
der in aufgelöster Ordnung verwandte Unter=
stützungstrupp durch sein Schützenfeuer den Sturm
besser vor und brachte im Sinne des ersten Absatzes
der Nr. 94 die Feuerkraft der Kompagnie auf die
größte zulässige Höhe.

Und so meinen wir, daß von den drei oben er=
wähnten Anforderungen des neuen Exerzir=Reglements
die vornehmste die Feuerüberlegenheit ist, daß
dieselbe, sobald die Verhältnisse beim Feinde erkannt
und die Angriffsrichtung beschlossen bezw. die Stellung
besetzt ist, von vornherein angestrebt werden und
zu ihrer Erreichung auch der letzte Mann der Kom=
pagnie eingesetzt werden muß. Für die Wirklichkeit
aber hoffen wir, unsere Feuerüberlegenheit weniger
durch numerisches Uebergewicht, als durch bessere
Feuerleitung und Feuerdisziplin, sowie durch Be=
schießung der feindlichen Flanke zu erreichen. —

Was die Wahl der Stelle zur Aufnahme
des Feuergefechts gegen die feindliche In=
fanterie betrifft, so trat überall die richtige Ver=
bindung zwischen Schußfeld und Deckung — dank
der reglementarischen Einzelausbildung als Schütze —
als nunmehriges Eigenthum der Kompagnie vortheil=
haft hervor. Wo die Leute aus ihrer eingenommenen
Deckung heraus nicht direkt feuern konnten, benutzten
sie dieselbe zum Laden und Verweilen vor dem
Schuß; zu letzterem selbst erhobensie sich bezw. wählten
sie den das beste Schußfeld bietenden Anschlag. Ein
solches vom Reglement (I. Nr. 80) geforderte Ver=

halten erleichtert wesentlich die sonst schwere Führung
langer Schützenlinien und entspricht ganz dem Inhalt
der Nummern 125 und 126 (Theil I). Besonders
macht es das hier und da ausgesprochene Verlangen
unnöthig, daß einzelne Leute und einzelne Gruppen
zum Zweck gedeckteren Schießens vor oder hinter
der übrigen Linie sich placiren sollen. Durch diese
Anforderung, welche der Verwechselung zwischen auf=
gelöster Ordnung und Unordnung entspringt, wird
das Schußfeld der hinten befindlichen Leute und
Gruppen sehr beeinträchtigt, sowie die Uebersicht und
dadurch die Leitung der ganzen Line, des Zuges,
der Gruppe erschwert. Der altpreußische Grundsatz:
„erst Schußfeld, dann Deckung" muß gewahrt bleiben;
beide Anforderungen aber können fast immer ver=
bunden werden, wenn, wie es das Reglement jetzt
vorschreibt, der Schütze sich zum Abgeben des Schusses
erhebt und nach dem Schusse wieder hinlegt.

Im Uebrigen wurde als Anschlag, wo es
irgend angängig war, richtigerweise der liegende ge=
wählt. Die feindliche Gewehrkugel hat eine andere
Flugbahn als die Schrapnelkugel. Selbst das mit
dem höchsten Visir abgegebene Geschoß schlägt unter
so kleinem Einfallwinkel in die Erde, daß es un=
möglich einen liegenden Mann träfe, während es
über einen an derselben Stelle knieenden Mann hin=
wegginge. Mathematisch stellt sich die Sache so dar:
a c sei der liegende Mann $= 1{,}70$, a b der knieende
$= 1{,}20$; der Einfallwinkel bei c ist nun so klein,
daß nach angestellter Berechnung die Hypotenuse

bezw. der abfallende Aſt der Flugbahn nicht über den Punkt b hinweggeht, ſondern, um in c anzu= kommen, die Linie a b in b₁ ſchneiden muß.

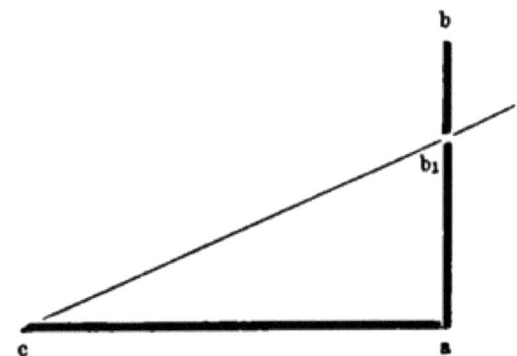

Es giebt alſo keine gezielte Kugel — und bei der größeren Raſanz der Zukunftsgewehre wird es erſt recht keine geben —, welche einen knieenden Mann verſchont, aber einen liegenden, deſſen Kopf ſich an den gedachten Knieen des erſteren befindet, träfe; während umgekehrt manche Kugel den knieenden Schützen trifft, über den liegenden aber hinweggeht. Rechnet man hierzu, daß der von der Kugel des liegenden Schützen beſtrichene Raum um ſoviel größer iſt, als der Unterſchied von der knieenden bezw. ſtehenden Anſchlagshöhe beträgt, ſo iſt der Schluß gerechtfertigt, daß im Feuergefecht gegen Infanterie der liegende Anſchlag der beſte iſt.

Schließlich verdient das Verhalten beim Ein= nehmen der Stellung ſelbſt Erwähnung. Der Platz wurde von den vorausbefindlichen Zug= und Gruppenführern nach den eben erörterten Grund=

sätzen ausgesucht. Wenn nun das Zeichen oder
Kommando zum Halten ꝛc. gegeben wurde, so galt
dies nicht mehr in der Art für die Schützenlinie, daß
dieselbe, wie früher, sofort hielt und die Führer zu
derselben zurückeilen mußten, sondern es galt für
diese Führer selbst, damit sie vor der Schützenlinie
das Gerippe festlegten, in welches die Leute sich von
hinten einfügten. Und diese Art wurde nicht bloß
beim sprungweisen Vorgehen, sondern überhaupt zur
Einnahme jeder Stellung angewandt. Besonders
empfiehlt sich dies Verfahren, wenn eine Kompagnie
einen Flankenstoß auszuführen hat. Hier ist es be-
kanntlich sehr schwer, den richtigen Winkel zu treffen;
kann aber die Front als Rahmen vorher in aller
Ruhe festgelegt werden, so ist der größte Theil der
Schwierigkeit gehoben. —

Gegen die im Laufe der Uebung auftrende Kavallerie entstand zunächst wieder die Frage nach
der Anzahl der Gewehre, welche nöthig ist, um
eine bestimmte Kavalleriestärke abzuweisen. Das
Exerzir-Reglement giebt hierauf eine eingehendere
Antwort als bezüglich der Artillerie. „Die Infanterie
darf überzeugt sein, daß sie bei kaltem Blute und in
fester Haltung die Kaballerie auch in der Ueberzahl nicht
zu fürchten hat." (II. Nr. 48.) Wo ist aber die vernunft-
gemäße Grenze dieser Ueberzahl? Als Antwort diene
folgende Erwägung: Die attackirte Infanterie schießt
in der Regel auf eine so nahe Entfernung, daß selbst
der schlechteste Schütze, wenn er nur einigermaßen
horizontal anschlägt, noch trifft. Angenommen, die

erste Lage wird auf 350 m abgegeben, so können bis zum etwaigen Moment des Einhauens — etwa ½ Minute — immerhin noch 5 Schuß pro Gewehr verfeuert werden. Dies macht bei einem Zuge von etwa 50 Gewehren — wir nehmen absichtlich die ungefähre Mitte zwischen Kriegs- und Friedens- stärke — 250 Schuß. Und selbst wenn hiervon noch 100 Kugeln vorbeigingen, so treffen doch 150, d. h. genug, um eine Eskadron zur Umkehr zu zwingen! Dies Verhältniß wird sich je nach der Ueberraschung bezw. Entfernung und je nach der Gewehranzahl modifiziren; im Allgemeinen aber kann festgehalten werden, daß zur Abwehr einer Eskadron ein Infanteriezug, zur Abwehr eines Kavallerie- Regiments unter für uns günstigen Umständen eine Kompagnie nöthig bezw. genügend ist. Bei den in Rede stehenden Uebungen attackirte eine feindliche Eskadron fast bei allen Kompagnien den Unter- stützungstrupp und wäre also nach Obigem, da eine Ueberraschung nirgends stattfand, von diesem ent- scheidend abgewiesen worden.

Formationsveränderungen wurden zu diesem Zweck nirgends vorgenommen, Platzwechsel nur in dem einen Fall, wo die Attacke gegen denjenigen Flügel der Schützen erfolgte, hinter dem sich der Unterstützungstrupp nicht befand. Sonst hatte letzterer nur nöthig, die annähernd parallele Front gegen Kavallerie zu nehmen; der Halbrechts- oder Halblinks- Anschlag wurde überall in demselben Sinne ver- mieden, wie er für den geschlossenen Zug reglementarisch verboten ist (l. Nr. 95). Bei denjenigen Kompagnien, welche alle drei Züge aufgelöst hatten, schwenkte der attackirte Flügel theils regelrecht herum, theils bog er sich zu einer Rückwärtsschwenkung zurück. Die erstere Art ist mit dem Uebelstande verbunden, daß der herumgeschwenkte Flügel leicht das Feuer des inneren Flügels des liegengebliebenen Theils maskirt, daß er die bisher eingenommene Deckung verlassen muß und schließlich die nun un= gedeckte Flanke näher an den Feind heranrückt. Bei der zweiten Art dagegen kann in der Regel die be= reits benutzte Deckung beibehalten werden, und die Schützenlinie wird nicht unterbrochen, sondern nur gebrochen und bleibt ein Ganzes. In einem Fall kam die Attacke direkt in den Rücken des eine Offensiv= flanke bildenden ausgeschwärmten Zuges. Wenn in solcher Lage die Kavallerie rechtzeitig entdeckt wird, dann ist die Gefahr nicht so groß, wie sie scheint, denn eine Kehrtwendung ist schneller als eine Schwen= kung vollführt. In vorliegendem Falle kam es nur darauf an, daß die angegriffenen Schützen kein feind= liches Infanterie=Rückenfeuer erhielten, und dies wurde dadurch verhindert, daß sie von der inne= gehabten Deckung nur etwas herunterzugehen brauchten.

Was schließlich die Anschlagsart betrifft, so besitzt eine stehende Abtheilung für attackirende Ka= vallerie mehr physische Widerstandskraft als eine kniecnde oder liegende. Jedenfalls werden Pferd und Reiter, wenn sie den stehenden Menschenwall vor sich sehen, unbewußt mehr an Schneid verlieren, als wenn sie gegen einen knieenden oder liegenden Feind anreiten. Letzterer besonders wird wegen der Leichtigkeit des Ueberspringens einen moralischen Hemmschuh kaum anlegen. Selbstverständlich ändern Deckungen für die schießende Infanterie, Hindernisse zwischen ihr und der Kavallerie, die Gefahr feind=lichen Infanterie=Flanken= und Rückenfeuers u. s. w. obigen Gesichtspunkt und lassen andere Anschlagsarten in ihr Recht treten.

Ein Rückblick auf das bisher Gesagte ergiebt, daß gegen Artillerie knieend, gegen Infan=terie liegend, gegen Kavallerie in der Regel stehend am besten geschossen wird, daß gegen erstere beiden Waffen die aufgelöste Linie, gegen letztere die gerade innegehabte Ord=nung und diejenige Formation die empfeh=lenswerthe ist, welche am meisten Gewehre in Thätigkeit setzen läßt, daß schließlich bei Bekämpfung von Artillerie auf ein Geschütz ein Infanteriezug, von Kavallerie auf eine Eskadron ein Infanteriezug gerechnet werden kann, während Infanterie gegen Infanterie bei sonst gleicher Qualität numerische Ueber=legenheit der Gewehre anzustreben hat.

2. Ermittelung der Entfernung, Erschießen der Visirstellung, Beobachtung der Feuerwirkung.

Von den Mitteln, welche die Schießvorschrift zur Ermittelung der Entfernung empfiehlt, fanden einige Kompagnien Gelegenheit, das Abschreiten und das hiermit verbundene Kenntlichmachen der Entfernungen anzuwenden.

Die abschreitenden Leute müssen, um ihre Schritt= zahl in Meter übersetzen zu können, genau wissen, wieviel Schritte sie auf 100 m machen. Daß sie nach Doppelschritten zählen und bei jedem Hundert einen Rockknopf aufmachen, hat sich als praktisch er= wiesen. Beim Markiren glaubte der Abschreiter oft durch Einstecken von Büschen oder Zweigen ein gutes Merkmal geschaffen zu haben, was jedoch von der feuernden Abtheilung aus schwer oder gar nicht zu sehen war. Farbige Zeichen, besonders rothe und gelbe, fallen am besten in die Augen; die Größe derselben muß natürlich mit der Entfernung wachsen. Als weiteste Entfernung wird immer diejenige ab= zuschreiten sein, auf welcher das Feuer eröffnet werden soll; fehlen dort besonders hervortretende Gelände= gegenstände, so ist zu bestimmen, auf wieviel Hundert Meter das weiteste und größte Zeichen zu befestigen ist. Die geringste abgesteckte Entfernung wird in der Regel 200 m betragen. Der so erhaltene Zwi= schenraum wird nun von 100 zu 100 bezw. 200

zu 200 m, oder aber von einem zum andern wichtigen Punkt im Gelände kenntlich gemacht.

Ein anderes Mittel, die Entfernung zu erfahren, nämlich das Erfragen derselben bei bereits im Gefecht befindlichen Abtheilungen, zeigte sich als vollkommen eingebürgert. Ueberall hörte man den in Stellung befindlichen und feuernden Zugführer dem von hinten kommenden Kameraden das Visir zurufen oder letzteren laut und noch vor dem Einnisten seines Zuges nach dem Visir fragen.

Das Entnehmen der Entfernung auf der Karte konnte bei den Uebungen gerade so wenig, wie voraussichtlich in Wirklichkeit angewandt werden. Die Infanterie-Entfernungen sind im Vergleich zu dem Maßstab der meisten Karten so klein, daß sie schwer zwischen die Zirkelspitzen gehen; außerdem dürften im Infanteriegefecht selten so große und scharf hervortretende Gegenstände im Gelände vorhanden sein, daß sie schnell selbst auf der genauesten Karte zu finden wären. Die Artillerie hat es hierin besser: ihre Entfernungen sind so groß, daß sie leichter abgegriffen werden können, und sie steht meist auf oder neben markanten Punkten, welche fast auf jeder Karte verzeichnet sind.

Ebenso sind Meßwerkzeuge besser für Artillerie als für Infanterie zu verwerthen; letztere besitzt überhaupt bis jetzt kein brauchbares Instrument und wird wegen der Kürze der Entfernungen und wegen der Augen und Ohren verwirrenden Erscheinungen des Infanterie-Kampfgewühls schwerlich eines erhalten.

Schließlich ist uns auch in dem Mittel des Ein=
schießens die Artillerie überlegen: Ihre Granaten
schlagen mit elementarer Gewalt als Vollgeschoß in
die Erde und schleudern, fast unabhängig von der
Bodenbeschaffenheit, einen einheitlichen Trichter in die
Höhe, welcher auf 2000 bis 3000 m um so besser
zu erkennen ist, als er mit jenem charakteristischen,
von der Sprengladung herrührenden Dampfwölkchen
versetzt ist. Die Infanteriekugeln dagegen spritzen,
selbst wenn sie mit der besten Salve konzentrisch mit
einem Visir auf einen einzigen Punkt abgegeben
werden, vereinzelt auf und verlangen einen sehr
günstigen Sandboden, wenn jede einzelne Kugel be=
obachtet werden soll. Und selbst wenn der Einschlag
jeder Kugel wahrgenommen werden kann, so wissen
wir aus der Schießlehre und dem uns bekannten
Bilde der Figur 5 und 5a, daß alle Geschosse in
einem Tiefenraum von 100 m herumwirbeln, daß
es somit selbst mit einem guten Glase schwer ist, den
Trefferkern, d. h. die Stelle der größten Dichtigkeit
der einschlagenden Kugeln, genau zu beobachten.
Deshalb sagt auch die Schießvorschrift, daß auf das
Erschießen der Visirstellung nur ausnahmsweise zu
rücksichtigen ist.

Je schwieriger mithin alle diese Meßmittel zu
handhaben sind, desto mehr wächst die Bedeutung
des richtigen Schätzens mit dem Auge. Dies
will aber nicht nur vorübergehend geübt, sondern
dauernd wiederholt sein. In und außer Dienst, bei
Märschen, Spaziergängen und Ritten sollte jeder

Führer täglich Entfernungen schätzen, aber auch jedes=
mal die Richtigkeit seiner Schätzung offen und ehrlich
kontroliren. Die Schießvorschrift verlangt kategorisch,
daß jeder Offizier bis 800 m mit Sicherheit schätzen
kann und von 800 bis 1200 m Uebung habe. Sie
giebt aber auch die Wege an, auf denen diese Fertig=
keit zu erlangen ist; die §§ 20 und 21 können nicht
eingehend genug studirt und praktisch verwerthet
werden.

Bei den in Rede stehenden Uebungen wurden
die Entfernungen mit Hülfe der Entfernungsschätzer
seitens der Zugführer und Kompagniechefs mit ziem=
licher Sicherheit geschätzt, und dementsprechend Visir
und Haltepunkt nach der Schießvorschrift bezw. den
Schießstandserfahrungen angegeben. Bei der Ent=
fernung von 350 m hatte meistentheils das 400 m
Visir den Vorzug vor der kleinen Klappe, weil grund=
sätzlich mit dem ersteren „Ziel aufsitzen" gehalten
werden soll, während die kleine Klappe ihren Halte=
punkt 0,8 m über den Treffpunkt hätte legen müssen,
und dies bei der Erfahrung, daß im Gefecht der
Mann von selbst zu hoch schießt, sicher ein Ueber=
schießen zur Folge gehabt hätte. Sinngemäß wurde
auf 250 m lieber mit der kleinen Klappe tiefer, als
mit dem Standvisir höher gehalten. —

Ob nun die Entfernungen richtig geschätzt waren
oder nicht, stellte bei den Uebungen die hierüber
orientirte Leitung fest. In Wirklichkeit geben die
aufspritzenden Kugeln oder die wahrnehmbare Wirkung
beim Feinde die Kontrole! Diesen beiden Regula=

toren gegenüber möchten wir warnen, sich im Frieden
zu sehr in Sicherheit zu wiegen. Uebung in der
Beobachtung einschlagender Kugeln erhält der Offizier
während des ganzen Jahres nur in der kurzen
Periode des scharfen Abtheilungsschießens. Hier lernt
er wenigstens die große Schwierigkeit kennen, aus
den aufschlagenden Geschossen auf die Richtigkeit
seines Schätzens zu schließen. Schon beim Erschießen
der Entfernung sahen wir, wie schwer der Trefferkern zu erkennen ist. Um wieviel mehr wird dies
der Fall sein, wenn statt mit einem Visir auf einen
Punkt mit zwei Visiren auf längere Linien geschossen wird, und wenn drüben die Scheiben in
Pulverdampf gehüllte, wieder schießende Schützen
sind. An letzteren die Wirkung zu erschauen, und
„an dem Verhalten des Gegners zu erkennen, ob
Visirstellung und Haltepunkt richtig gewählt oder
welche Berichtigungen zur Erhöhung der Feuerwirkung
nöthig sind" (I. Nr. 141), dazu bietet sich im Frieden
überhaupt keine Gelegenheit. Ob dies im Ernstfall
schwer oder leicht ist, hängt von verschiedenen Umständen, wie Pulverdampf, Gelände, Ruhe des Offi-
ziers ꝛc. ab. Das Reglement empfiehlt (I. Nr. 141)
bei schwieriger unmittelbarer Beobachtung die seitliche
und möglichst gedeckte Aufstellung besonderer Beob-
achter. Jedenfalls wird es sich immer verhältnißmäßig spät zeigen, ob und welche Erfolge das Feuer
erreicht hat.

Aus all diesen Schwierigkeiten folgt die erhöhte
Nothwendigkeit, Entfernung und Visir von vorn-

herein richtig zu nehmen und das im Kriege am häufigsten vorkommende Mittel, nämlich **das Schätzen mit dem Auge** im Frieden besonders gründlich zu üben.

3. Wahl des Zieles und des Zeitpunktes zur Eröffnung des Feuers.

Beginnen wir mit der Feuereröffnung. Es ist bereits gesagt, daß alle Kompagnien ihr Feuer auf die Batterie erst auf den mittleren Infanterie-Entfernungen eröffneten, trotzdem sie nach dem Reglement immerhin schon auf 1000 m schießen durften. Je größer aber die Entfernung ist, desto mehr Munition ist zur Erreichung des Zweckes nöthig. Nach oben angestellter Berechnung würde eine Kompagnie, welche auf 1000 m die Batterie außer Gefecht setzen wollte, fast ihre ganze Kriegschargirung verbrauchen müssen, zumal alle Artillerien der modernen Armeen jetzt erhöhten Werth auf die Deckung der Protzen legen. Außerdem aber wachsen mit der großen Nähe an der Artillerie die Chancen der Feuerüberlegenheit für die Infanterie. Es war also sachgemäß, daß letztere erst von 800 m ab zu schießen begann. Einerseits behielt sie Munition für die späteren, bestimmt zu erwartenden Gefechtsaufgaben übrig, andererseits konnte die für Bekämpfung der Batterie nöthige Munition auch voll und ganz eingesetzt werden, denn „wirkungsloses Feuer schwächt das moralische Element der eigenen Truppe, erhöht

das des Feindes". Diejenigen Kompagnien, welche
das Beschießen der Batterie erst begannen, nachdem
alle für nöthig gehaltenen Gewehre feuerbereit waren,
hatten sich den Vortheil ruhiger Feuerleitung sowie
der Ueberraschung und deshalb schnellerer Wirkung
besser gewahrt, als diejenigen Kompagnien, welche
successive mit jedem neu eintreffenden Zuge ins
Feuergefecht traten. — Gegen feindliche Infanterie eröffneten die an-
greifenden Kompagnien ihr Feuer durchschnittlich
auf 400 bis 500 m, in der Vertheidigung auf
weitere Entfernungen. Der Angreifer muß aus
ähnlichen Gründen wie gegen Artillerie bestrebt sein,
so nahe wie möglich seinen ersten Schuß abzugeben.
Während zuerst der feindliche Vertheidiger wegen der
bekannten Entfernungen, des aufgeräumten Schuß-
feldes, der guten Deckungen ꝛc. im Feuervortheil vor
dem Angreifer ist, gleichen sich mit der größeren
Nähe die Faktoren der gegenseitigen Feuerwirkung
aus, ja wenden sich allmälig aus moralischen Ur-
sachen zu Gunsten des Angreifers. Zahlen für die
offensive Feuereröffnung anzugeben, ist unmöglich;
das Gesetz wird dem Angreifer von der Wirkung
der feindlichen Kugeln sowie von der Disziplin seiner
Truppe diktirt. Der Vertheidiger muß umgekehrt
sein Feuer möglichst früh eröffnen, um den Angreifer
bald zu dem ersten Feuer-Halt zu zwingen. Ueber
800 m darf indeß dieser Versuch nur ausnahmsweise und zwar gegen hohe, tiefe, breite und dichte
Ziele gemacht werden.

Der attackirenden Kavallerie gegenüber wurde überall das Feuer auf eine Entfernung begonnen, bei der ein Visirwechsel beim Näherkommen unnöthig war, d. h. mit der kleinen Klappe, deren Flugbahn sich nirgends über Reiterhöhe erhebt. Merkwürdiger= weise ist es nicht unnöthig, hier vor einer falschen Bedeutung des Begriffes „Kavallerievisir" zu warnen. Stehende, sich seitwärts bewegende, meine Nachbar= abtheilung angreifende, jedenfalls mich nicht direkt attackirende Kavallerie wird selbstverständlich mit demjenigen Visir beschossen, welches der Entfernung entspricht. So half der Unterstützungstrupp einer Kompagnie, welcher etwa 200 Schritt hinter seinen Schützen war, den Kavallerie=Angriff auf den Flügel dieser Schützen zuerst mit dem Visir 400 m, dann mit der kleinen Klappe erfolgreich abschlagen. Anderer= seits ist es natürlich nicht ausgeschlossen, bei über= raschend attackirender Kavallerie das Standvisir an= zuwenden. Nur wenn eine zweifellos auf mich gerichtete Attacke von weit her erkannt ist, erwarte ich mit dem „Kavallerievisir" den Feind und eröffne das Feuer, wenn er auf 350 m heran ist. —

Die richtige Bestimmung der zu beschießen= den Ziele ist eine der schwierigsten Aufgaben der Feuerleitung.

Schon ehe bei den Uebungen von einer Wahl zwischen verschiedenen Zielen die Rede war, sondern allein noch die feindliche Artillerie beschossen werden sollte, kam es darauf an, das Feuer nicht summarisch „auf die Batterie", sondern auf be=

stimmte Theilziele derselben zu lenken. Das Reglement weist darauf hin, daß zuerst auf die etwa sichtbare Bespannung, darauf auf die Bedienung zu zielen ist (II. Nr. 51). Die Bespannung wird aber, wie schon gesagt, sehr selten sichtbar sein. Die Protzen fahren heute, sowie das Feuern beginnt, in Deckung; statt ihrer stehen hinter den Geschützen die Protzkasten oder Munitionswagen, welch letztere mit Inhalt, Pferden und Fahrern in die Luft fliegen können, ohne daß dadurch die Batterie an Bewegungsfähigkeit leidet. Darüber muß aber der Infanterieführer orientirt sein, sei es, um sich über den erreichten Erfolg keiner Täuschung hinzugeben, sei es, um von vornherein das Feuer auf die Bedienungsmannschaften zu lenken. Sodann haben wir gesehen, daß, wenn ein Geschütz von weniger Gewehren als denen eines Zuges befeuert wird, auf eine Wahrscheinlichkeit des Treffens nicht zu rechnen ist. Es muß also eine derartige Feuervertheilung eintreten, daß eine dreizügige Kompagnie höchstens drei Geschütze auf einmal beschießt und erst, wenn die gewünschte Wirkung eingetreten ist, zu dem Rest der Batterie übergeht.

Noch besser als eine solche Vertheilung erscheint auf den ersten Blick ein Konzentriren des Feuers der ganzen Kompagnie auf ein Geschütz, und ein demnächstiges Entlangklettern an der Batterie von einem Geschütz zum andern. Allerdings bleiben hierbei Zeit und Patronenzahl dieselben, der Erfolg jedoch wäre nur dann sicherer, wenn die nicht beschossenen Geschütze ihre Schrapnels nicht auf die Kompagnie richten würden. Daß dies aber geschieht, ist bestimmt anzunehmen; mithin verdient von diesem Gesichtspunkt aus die Feuervertheilung den Vorzug.

Weder hier noch dort aber darf, wie dies ge= schehen, versucht werden, die nicht entscheidend be= schossenen Geschütze zu beunruhigen, zu beschäftigen, moralisch zu beeinflussen. Diese Absicht wird schwer= lich erreicht: Wenn z. B. eine Kompagnie mit zwei Zügen entscheidendes Feuer auf ein bis zwei Ge= schütze giebt und mit dem dritten Zuge den Rest der Batterie „beschäftigt", so hat dieser letztere Zug, wie wir nachgewiesen, nicht den geringsten physischen und deshalb auch keinen moralischen Erfolg. Seine Kugeln verlieren sich größtentheils unbemerkt, und die wenigen bemerkbaren werden schwerlich die feind= lichen Kanoniere treffen, geschweige sie irgendwie von der Erfüllung ihrer Pflicht abhalten. Im Gegentheil, auch hier wird der Satz gelten, daß wirkungsloses Feuer das moralische Element des Feindes hebt, nicht schwächt. Hierzu kommt, daß das Feuer dieses Zuges dem eigentlichen Entscheidungszweck verloren geht, und infolge dessen in Bezug auf die endgültige Bekämpfung der Batterie ein Verlust von Munition und Zeit herbeigeführt wird. Mithin hat eine solche Beschäftigung nicht bloß keinen Vortheil, sondern direkt Nachtheile im Gefolge! —

Aehnliche Gesichtspunkte traten sinngemäß in Kraft, als noch vor vollendeter Niederkämpfung der

Batterie feindliche Infanterie in beschießbarer Nähe erschien.

Hier entstand die Frage, ob beide Ziele oder nur eins bezw. welches beschossen werden sollte. Infanterie und Artillerie gleichzeitig mit der Absicht entscheidender Wirkung unter Feuer zu nehmen, war nach der einer einzelnen Kompagnie innewohnenden geringen Feuerkraft positiv erfolglos; das eine Ziel entscheidend, das andere beschäftigend zu beschießen, schien nur in dem einen Falle angängig, wenn zu zwei noch gefechtsfähigen Geschützen ein Zug feindlicher Infanterie (bezw. 1 : 2) in Aktion getreten wäre; denn dann konnte letzterem Zuge eine Feuergleichheit so lange gegenüber gelassen werden, bis die bezw. das Geschütz endgültig todt gemacht war. In allen anderen Fällen mußten die eben nachgewiesenen Nachtheile einer „Beschäftigung" voll und ganz hervortreten, und durfte das Feuer unter allen Umständen nur auf eins der beiden Ziele gelenkt werden. Auf welches? Nach der Schießvorschrift (§ 40, Nr. 3) und nach dem Reglement (11. Nr. 33) ist für die Wahl des Zieles zunächst die augenblickliche taktische Bedeutung derselben maßgebend. Nun mag an sich eine Batterie eine größere taktische Bedeutung als eine Kompagnie haben, sobald aber diese Kompagnie ein wirksames und Entscheidung anstrebendes Feuer auf uns eröffnete, so wurde sie augenblicklich für uns taktisch wichtiger, weil gefährlicher, und mußte deshalb nicht bloß beschossen, sondern zum Zweck durchgreifenden Erfolges allein beschossen werden. Für das Aushalten im nunmehr unerwiderten Artilleriefeuer fand der reglementarische Satz (II. Nr. 33, letzter Absatz) Anwendung: „Es muß an eine gute Truppe die Forderung gestellt werden können, wenn das eigene Feuer keine Wirkung verspricht, im feindlichen Feuer auszuharren, ohne dasselbe zu erwidern."

Je unerquicklicher diese Lage war, desto mehr mußte dahin gestrebt werden, schnell der feindlichen Infanterie Herr zu werden. Daß zu diesem Zweck als Hauptziel die feindlichen Schützen, nicht die geschlossenen Abtheilungen, unter Feuer genommen werden mußten, schien den meisten Kompagnien natürlich. Die Vertheilung des Feuers auf dieses Ziel ergab sich in denjenigen Fällen von selbst, in denen unsere Schützen in ihrer Breitenausdehnung mit den Flügeln der feindlichen ungefähr abschnitten oder dieselben überragten. Denn dann konnte das Feuer zugweise auf die feindlichen Schützen am weitesten rechts bezw. in der Mitte bezw. links gelenkt werden und innerhalb dieser Grenzen jede Gruppe und jeder Mann sich das entsprechende Ziel suchen; eine übertriebene Abweichung wurde leicht bemerkt und richtig gestellt. Anders verhielt es sich bei denjenigen Kompagnien, deren Feuerlinie nicht so breit als die feindliche war. Je größer hier der Unterschied in der Ausdehnung ist, desto mehr wird das gleichzeitige Beschießen der längeren feindlichen Front zu einem excentrischen und deshalb wenig wirksamen Feuer. Daher empfiehlt es sich, ähnlich

wie bei der Batterie, am Ziel entlang zu klettern
und gründlich erst den einen Theil, dann den anderen
abzuthun. Jedenfalls genügte die Bezeichnung: „Geradeaus, feindliche Schützen" nicht. Abgesehen von
der subjektiven Auffassung des Begriffs „geradeaus", ist
letzterer bei gewundenen Schützenlinien auch objektiv
verschieden. Umsomehr muß der Führer für Klar-
heit über die zu beschießenden Theile der feindlichen
Feuerfront sorgen.

In dem nun entbrannten Infanterie-Feuergefecht
behielt jeder Zug sein einmal gewähltes Ziel im
Allgemeinen bei; nur zwei Ausnahmen griffen Platz,
welche der Erwähnung werth sind: Einmal wurde
beim sprungweisen Vorgehen des Feindes hier und
dort das Kommando laut:

„Halb rechts (links) auf die vorspringenden
Schützen."

Die Versuchung hierzu mag in der Annahme
besserer Treffwirkung auf die sich in ganzer Mannes-
höhe zeigenden und nicht wieder schießenden Schützen
gelegen haben, dennoch war es ein die Wirkung be-
einträchtigender und unnützer Zielwechsel; die Wirkung
beeinträchtigend, weil die Bestimmung des neuen,
nur einige Sekunden beschießbaren Objektes eine
Feuerpause bezw. Zeit beansprucht sowie Zweifel,
welches Ziel gemeint ist, bei den Leuten nicht aus-
schließt; unnütz, weil die bisher beschossenen Schützen
schließlich die Sprünge auch machten. Zweitens
stellten einige Kompagnien, als sich hinter der feindlichen Schützenlinie geschlossene Abtheilungen vor-

bewegten, daß Feuer auf die erstere ein und be=
schossen letztere. Hier war die Wahrscheinlichkeit
eines besseren Schußresultates allerdings vorhanden,
aber Schießvorschrift und Reglement bestimmten, daß
zuerst die taktische Bedeutung entscheidet und dem=
nächst erst das Feuer auf solche Ziele zu richten
ist, welche vermöge ihrer Höhe, Tiefe, Breite und
Dichtigkeit eine hohe Treffwirkung in Aussicht stellen.
Taktisch wichtiger bleiben aber in den Gefechten der
Zukunft umsomehr die feindlichen Schützen, als von
ihnen, nicht von den geschlossenen Abtheilungen, die
Initiative ausgehen wird. Ferner waren erstere auch
augenblicklich gefährlicher; ein Aufgeben des Feuers
auf sie erschien infolge dessen nicht bloß unklug,
sondern auch aus psychologischen Gründen in Wirk=
lichkeit praktisch kaum ausführbar. Schließlich konnte
und mußte dieser Zielwechsel aus einem dritten
Grunde unterbleiben: Die Kolonnen betraten mit
dem Näherrücken an ihre Schützen allmälig von
selbst die Geschoßgarbe unseres Visirs und näherten
sich von Schritt zu Schritt dem auf die Schützen
gerichteten Trefferkern. Wenn mithin in diesem
Augenblick unser Feuer eine größere Lebhaftigkeit
annahm, so würde es gleichzeitig auf die Schützen
und geschlossenen Abtheilungen fast dieselbe Wirkung
gehabt haben, als wenn letztere allein beschossen
wären! So führte auch die zweite Ausnahme ebenso
wie die erste zu einer Zersplitterung des Feuers und
zu den übrigen mit einem Zielwechsel verbundenen
Nachtheilen. In beiden Fällen konnten und mußten

die feindlichen Schützen als Zielobjekt bis zuletzt bei=
behalten werden. Daß deshalb die geschlossenen
Theile des Feindes nicht auch noch besonders be=
schossen werden sollten, ist nicht gesagt. Nur mußten
zu diesem Zweck nicht unsere feuernden Schützen,
sondern unsere Unterstützungstrupps bezw. hinteren
Abtheilungen verwendet werden.

Bisher war der Grundsatz festgehalten, nur ein
Ziel — und dieses voll und ganz — zu beschießen.
Anders gestaltete sich die Sache, als Kavallerie
attackirte. Nirgends gelang es der feindlichen Es=
kadron, alle Gewehre der im Infanteriegefecht be=
findlichen Kompagnien auf sich zu ziehen, sondern
fast überall trat nur der hinten haltende Unter=
stützungstrupp ins Feuer, oder wechselte nur der in
der Schützenlinie gerade angegriffene Flügelzug sein
Ziel, der Rest beschoß das bisherige Ziel unbeküm=
mert um die Kavallerie weiter. Die Zeit ist noch
nicht fern, wo die vermeintliche Gefahr und das
glänzende Schauspiel einer Kavallerieattacke aller,
auch der Unbetheiligten, Augen und Gewehre —
und zwar nicht bloß im Manöver — auf sich zog.
In der Schlacht bei Vionville richtete sich gegen die
Französischen Gardekürassiere das Schrägfeuer unserer
Schützen in dem unglaublichsten Winkel, und bei
dem „Todesritt" der Brigade Bredow stellte ein
Theil der 6. Division das Feuer auf die Französi=
schen Tirailleure ein, um mit Spannung den Verlauf
dieser an einer ganz anderen Stelle stattfindenden
Attacke zu verfolgen. Es hat diese ebenso erklärliche

als falsche Erscheinung bei denkenden Führern bereits dazu geführt, solche Momente taktisch zu verwerthen, z. B. unbeschossen einen Sprung vorwärts zu machen bezw. die Entscheidung zu beschleunigen. Daß zu dieser Folgerung bei den in Rede stehenden Uebungen keine Ursache gegeben wurde, sondern die taktische Bedeutung einer Kavallerie-Attacke in ihre richtigen Schranken zurücktrat, ist als eine Errungenschaft gegen früher anzusehen. Allerdings waren die Stärke= verhältnisse günstig gewählt: ein Zug Infanterie ge= nügte, wenn er aufpaßte, um die feindliche Eskadron zurückzuweisen. Es soll daher nicht verschwiegen werden, daß, wenn ein Kavallerie-Regiment oder noch mehr aufgetreten wäre, die betreffende Kom= pagnie allerdings mit allen Gewehren dieses augen= blicklich gefährlichste Ziel hätte beschießen und das Feuer auf die feindliche Infanterie — obwohl von dieser selbst beschossen — hätte einstellen müssen. Was die Feuervertheilung gegen die feindliche Eskadron betrifft, so genügte das Kommando „auf die Kavallerie" auch hier nicht. Eine Eskadron attackirt in der Regel in Linie, ist also wesentlich breiter als ein Infanteriezug, welcher mithin nicht gleichzeitig und beliebig die ganze feindliche Front beschießen durfte. Aber eben so unrichtig wäre es gewesen, wenn er gemäß des Verhaltens gegen breitere Artillerie= und Infanteriefronten auch die Eskadron von einem Flügel zum andern nach und nach ab= gethan hätte. Letztere hat während der Attacke Richtung und Fühlung nach der Mitte. Wenn diese

Mitte, trotzdem immer von Neuem die Eskadron durch Zusammenziehen den Schluß herzustellen sucht, durch immer von Neuem einschlagende Kugeln zu= sammenstürzt, so fällt auch die Hauptgrundlage für das Gelingen der Attacke, nämlich Richtung und Fühlung, d. h. Geschlossenheit dahin. Also gegen Kavallerielinie das Feuer weder vertheilen noch von einem Flügel beginnen, sondern grundsätzlich gegen die Mitte lenken.

4. Feuerart.

Fast die Hälfte der Kompagnien beschoß die Batterie mit Salven, alle richteten auf die ge= schlossenen Theile der feindlichen Infanterie Salven, die überwiegende Anzahl wies die Kavallerie mit Salven ab. Diese auffallende Erscheinung muß als eine Folge der langen Friedenszeit erkannt werden, denn für Kriegsverhältnisse passen solche Salven nicht. Einer Kompagnie in kriegsstarker Linie das Kommando zur Salve zu geben, verbietet sich sogar außerhalb der Gefechtssphäre — geschweige mitten im Gefecht — bei dem mäßigsten Winde von selber. Schon bei einer Friedenskompagnie reicht die Lunge des Hauptmanns, welcher in der Regel abgestiegen und häufig außer Athem ist, selten zum Kommando für eine glatte Salve aus. Reglement (I. Nr. 139) und Schießvorschrift (§ 40, 4a) sprechen bei der Salve auch nur von einem Zuge, der im

Gefechtslärm die Stimme seines Führers geschlossen
schwer, ausgeschwärmt selten hören wird. Wenn
nun der Gefechtslärm im Frieden nicht annähernd
so laut ist wie im Kriege, so sollten dort trotzdem
auch die Zugsalven auf das Aeußerste beschränkt
werden; sonst wird im Frieden etwas geübt, was
man im Kriege zu vergessen gezwungen ist; jeden=
falls dürften die Salven nicht, besonders wenn nur
mit Platzpatronen geladen ist, als Prüfstein für die
Feuerdisziplin der Truppe gelten; hierzu gehört
heute mehr und Höheres. Aber selbst wenn das
Kommando klar und gleichzeitig gehört wird, so
beeinträchtigt jede Salve an sich das Treffresultat.
Denn beim gleichzeitigen Schießen in der geschlossenen
Ordnung wird der Einzelne durch Neben= und
Hintermann im Anschlag und im Zielen gehindert,
besonders aber wird — und dies gilt auch für die
geöffnete Ordnung — dem alt bewährten Grundsatz
Hohn gesprochen: „Der Schütze schießt, wenn er zu
treffen glaubt." Nicht wenn er zu treffen glaubt,
sondern wenn es ihm Jemand befiehlt, der gar nicht
wissen kann, ob das Ziel erfaßt bezw. festgehalten
ist, drückt oder vielmehr reißt er ab. Hierdurch aber
wird das Treffen besonders dann erschwert, wenn
die Salve nicht klappt, d. h. wenn nicht die einheit=
liche Stimme des Führers, sondern die allmälig sich
fortpflanzende Unruhe jedes Einzelnen die Schuß=
abgabe veranlaßt. Und mit dieser thatsächlichen Un=
ruhe, für welche es viele und nicht immer in der
Schuld des Mannes liegende Gründe giebt, muß im

wirklichen Gefecht klugerweise gerechnet werden. Denn eine nicht klappende Salve bleibt eine Indiszplin, und je leichter letztere eintreten kann, desto weniger sollte sie provozirt werden. — Schließlich findet auch der oft gerühmte moralische Einfluß der Salve auf den Feind, speziell auf die Kavallerie, keine unbedingte Anerkennung mehr. Mancher Reiterführer behauptet, daß die Pferde viel nervöser durch Schützenfeuer als durch Salven werden, eine Erscheinung, welche bei jeder Uebung, wo es knallt, an den Pferden der berittenen Offiziere leicht als im Allgemeinen richtig erkannt werden kann! Gegenüber all diesen Nach= theilen sollen die beiden Vortheile der Salve nicht verschwiegen werden: Die Truppe bleibt am sicher= sten in der Hand der Führung, und die Beobachtung der Geschoßaufschläge wird erleichtert. Letztere Eigen= schaft wird der Salve das Recht als Entfernungs= messer, wenn auch unter den bereits besprochenen Einschränkungen, stets wahren. Auch der erstere Vorzug ist gerade so unleugbar, wie der, daß bei der geschlossenen Ordnung die Truppe mehr in der Hand des Führers bleibt als bei der geöffneten. Wie aber trotz dieser Wahrheit für die Zukunft der Schützenschwarm die Hauptkampfform der Infanterie ist, ebenso wird das Schützenfeuer die Hauptfeuerart der Infanterie werden und die Salve nur beim Beginn des Gefechts gestattet sein. Gestattet, nicht geboten. Bei der Uebung war zur Eröffnung des Feuers auf die Artillerie und die Infanterie — vom Einschießen abgesehen — keine Veranlassung zu einer

die Wirkung schmälernden Salve gegeben; dagegen
ließ sich dieselbe der Kavallerie gegenüber rechtfertigen:
Es ist für den Infanteristen schwer, die anstürmende
und immer näher kommende Kavallerie so lange
schußlos zu erwarten, bis nach Ansicht seines Führers
der erste Schuß abgegeben werden darf. Aber gerade
dieses Warten ist, damit das Feuer nicht zügel= und
resultatlos verlaufen soll, von großer Wichtigkeit;
die Salve ist hier der Zügel. Nachdem aber durch
sie gleichsam die Erlaubniß zur Feuereröffnung ge=
geben, konnte und mußte das aus dem Magazin
abgegebene Schützenfeuer nunmehr in sein Recht
treten.

Die Leitung des Schützenfeuers, besonders
die gelegentliche Steigerung und das Nachlassen in
der Schnelligkeit, zeigte überall ballistische Kenntniß,
taktisches Urtheil und Aufmerksamkeit der Führer.
Nur einmal feuerten einige Kompagnien nach unserer
Ansicht zu langsam, nämlich bei der Beschießung der
Artillerie durch Schützenfeuer. Es heißt zwar im
Reglement (I. Nr. 139) und in der Schießvorschrift
(§ 40, Nr. 4), daß gegen niedrige auf mittleren
Entfernungen befindliche Ziele nur langsam gefeuert
werden soll, aber es ist hinzugesetzt: „Gegen Artillerie
wird auf Entfernungen jenseits 800 m meist ein
lebhaftes Feuer am Platze sein." Da hier die Ent=
fernung sogar unter 800 m war, lag aus taktischen
Gründen die Gefahr nahe, daß die Kompagnie sehr
bald in ihrem Zweikampfe mit der Batterie durch
feindliche Infanterie gestört werden würde. Deshalb

mußte die kurze Spanne Zeit schnell ausgenutzt und von der Erlaubniß der Schießvorschrift (§ 40, 4b, S. 101) Gebrauch gemacht werden: „Wenn von vornherein die Absicht vorliegt, ein besonders leb= haftes Feuer zu eröffnen, so wird dies auf das Kommando „lebhaftes (2c.) Schützenfeuer" zur Aus= führung gebracht." Ja hier wäre, wenn die Batterie im Ab= oder Aufprotzen beschossen werden konnte, sogar Magazinfeuer zu rechtfertigen gewesen, denn dasselbe darf ausnahmsweise „auch auf Entfernungen zwischen 300 und 800 m in solchen Fällen zur Anwendung kommen, in welchen das Beschießen be= sonders vortheilhafter Ziele sich auf kurze Zeit be= schränkt 2c." (Schießvorschrift S. 1, 102, Regl. S. 99.)

Im Uebrigen zeigte sich bei allen Kompagnien die Erscheinung, daß das Schützenfeuer mit der Zeit von selber wohl lebhafter, nie aber langsamer wurde. Es liegt hierin die Aufforderung, streng darauf zu halten, daß die Bestimmung des Reglements und der Schießvorschrift erfüllt wird, daß beim Schützen= feuer der eine Mann der Rotte erst dann schießen darf, wenn der andere geladen hat.

Ueber das Magazinfeuer, dessen Anwendung überall im Sinne der Vorschriften erfolgte, möge noch eine Schlußbemerkung erlaubt sein. Dasselbe soll unter Anderem als letzte Vorbereitung für den Sturm und auch als Verfolgungsfeuer hinter einem weichenden Gegner abgegeben werden. Zwischen beiden in einem unmittelbaren taktischen Zusammenhang

stehenden Momenten giebt es aber für die Schützen=
linie keine Zeit und Gelegenheit zum Nach= und
Neufüllen des Magazins. Sollen nun die Schützen
besser ihr Magazin vor dem Sturm ausschütten und
das nachherige Verfolgungsfeuer den Stoßabtheilun=
gen überlassen, oder sollen sie mit dem Magazin=
feuer so lange warten, bis sie selbst es in den
Tornister des Feindes abgeben können? Wir neigen
letzterer Ansicht zu, trotzdem der Rückzug oder die
Flucht des Feindes erst die Folge eines glücklichen
Sturmes sein wird. Aber daß letzterer durch das
Magazinfeuer erheblich an Aussichten gewinnt, be=
zweifeln wir. Ob in den letzten Sekunden vor dem
Anlauf lebhaftes Schützen= oder Magazinfeuer ge=
geben wird, ist vom Standpunkt der physischen und
moralischen Wirkung belanglos. Bei der starken
Feuerlinie, welche den letzten Versuch zum Nieder=
schießen des Gegners macht, wird das lebhaftere
Geknatter und die gesteigerte Wirkung des Magazins
kaum drüben zu merken sein. Bei uns dagegen
könnte der Nachtheil eintreten — bei Friedensübungen
ist es fast immer der Fall —, daß das Magazin
bereits geleert ist, ehe die geschlossenen Abtheilungen
in die zum gemeinsamen Anlauf günstigen Ent=
fernungen gerückt sind. Dann muß entweder der
Sturm von den Schützen allein ausgeführt werden
und deshalb an Kraft verlieren, oder aber es muß
von den Schützen auf die hinteren Treffen gewartet
und zu diesem Zweck vom Magazin= zum Schützen=
feuer zurückgegangen werden. Endlich spricht ein

moralischer Grund für unsere Ansicht: Die Schützen
laufen mit gefülltem Magazin schneidiger als mit
ausgeschossenem der Entscheidung entgegen. Das Ge=
fühl, einen Patronenvorrath in schnellster Feuerbereit=
schaft bei sich zu haben und dadurch allen Vorkomm=
nissen während und nach dem Sturm gewachsen zu
sein, hebt die Energie des Anlaufs und hat für den
einzelnen Schützen ähnlichen Werth wie für den
obersten Führer der Rückhalt einer Hauptreserve.

Diese theoretisirende Betrachtung soll weder
eine Kritik der Schießvorschrift sein, noch andere
Ansichten ausschließen, sondern im Gegentheil andere
Ansichten anregen. Für die Praxis bleibt die Be=
stimmung der Schießvorschrift maßgebend, wonach
zur Vorbereitung für den Sturm das Magazin in
Anwendung kommen soll. Wenn dies infolge dessen
nachher zur Verfolgung nicht möglich ist, so tritt
eben bestimmungsmäßig das lebhafte Schützenfeuer
an Stelle des Magazinfeuers.

5. Abgabe des Kommandos.

Das neue Reglement hat für die Leitung des
Schützengefechts jetzt bestimmte Kommandos vor=
geschrieben bezw. die nach der Schießvorschrift bereits
bestehenden Kommandos sanktionirt. Es ist dies ein
nicht zu unterschätzender Vortheil für die Feuerleitung.
Der gemeine Mann lernt dadurch leichter die schäd=
lich wirkende Unterscheidung zwischen Exerzir= und

Gefechtsdisziplin vergessen und giebt jetzt sein Feuer sinngemäß gerade so ab, wie er auf Kommando Griffe und Wendungen macht. Der Führer aber ist gezwungen, behufs Abgabe der richtigen Kommandos bedeutend intensiver nachzudenken, als es bei der geschlossenen Ordnung nöthig ist; sein Kommando bildet jetzt den Inbegriff seines taktischen Urtheils in Verbindung mit der Kenntniß der in weitestem Sinne aufzufassenden Schießlehre. Dies ist der Geist der neuen Form. Letztere selbst will gelernt und durch Routine beherrscht sein. Daß diese Herrschaft noch nicht überall erreicht ist, läßt sich bei der Neu= heit des Reglements und bei den verhältnißmäßig wenigen Uebungen im Gelände sowohl erklären als auch entschuldigen. Nichtsdestoweniger verdienen zwei hierher gehörige Erscheinungen besonders hervor= gehoben zu werden: Nachdem der Wortlaut der Kommandos reglementarisch feststeht, darf nichts an ihm geändert werden. So wenig es erlaubt ist, zu kommandiren „Gewehr — über“ statt „das Gewehr — über“, so wenig darf z. B. „500 m Visir“ statt „Visir 500“ oder statt „weiterfeuern“ „auf dasselbe Ziel weiterfeuern“ gesagt werden. Letzteres ist direkt verboten (Regl. I. Nr. 136 und Schießvorschr. § 40, Nr. 5, S. 104). Auch heißt es beim Visirwechsel nur dann z. B. „800 in 1000 umstellen“, wenn vorher zwei Visire genommen waren und nur eine der gebrauchten Visirstellungen umgeändert werden soll (Regl. I. Nr. 136, Schießvorschr. § 40, Nr. 5). Sonst muß eben „Visir 400“ oder „kleine Klappe“ 2c.

kommandirt werden. Diese für die ganze Deutsche
Armee jetzt befohlene Einheitlichkeit der Kommando=
worte, deren Nutzen für die geschlossene Ordnung ja
längst anerkannt ist, soll nunmehr auch für das
Schützengefecht jene Nachtheile beseitigen, welche
durch den Ersatzwechsel an Leuten und Führern im
Kriege und Frieden bisher für die geöffnete Ordnung
thatsächlich vorhanden waren. Demselben Gesichts=
punkt unterliegt die Reihenfolge in der Abgabe
der Kommandos. Es ist genau vorgeschrieben,
wie die Kommandos aufeinander folgen sollen, daß
zuerst die Richtung, dann das Ziel, darauf das Visir,
schließlich die Feuerart kommandirt werden muß.
(Regl. I. Nr. 135, Schießvorschr. § 40, Nr. 5.) Es
steht dies im Einklang mit der Feuerleitung der
Artillerie, nur daß diese vor der Feuerart die Ge=
schoßart (mit Granaten, Schrapnels, Kartätschen ge=
laden) kommandirt und nachher den Flügel bestimmt,
von dem aus das Feuer eröffnet werden soll. Letzteres
empfiehlt sich, wenn der Wind geht, auch bei der
Infanterie. Ein nicht zu unterschätzender Vortheil
dieser wichtigen Vorschrift ist der, daß der Führer
durch das Innehalten dieser Reihenfolge sicher ist,
keinen der vier wichtigen Faktoren zu vergessen, und
daß auch der Reserveoffizier nunmehr einen festen
Anhalt für eine sachgemäße Feuerleitung hat.

6. Obliegenheiten der einzelnen Chargen.

Der Führer der Kompagnie befahl fast überall,
selbst wo nur ein Zug ausgeschwärmt war, die erste
Feuereröffnung und das zuerst zu beschießende Ziel=
objekt. Es ist dies kein Eingriff in die Selbständigkeit
des Zugführers, vielmehr nach der Schießvorschrift
(§ 40, 7) in der Regel Sache des Hauptmanns.
Das Reglement (II. Nr. 53 bis 56) deckt sich aller=
dings hierin nicht ganz mit der Schießvorschrift,
indem es für den Kompagnieführer überhaupt keine
anderen Obliegenheiten vorschreibt, als die richtige
Wahl des Platzes, vielmehr gleich mit den Pflichten
des Zugführers beginnt (II. Nr. 53 bis 55). Doch
hierbei sagt es u. A. (II. Nr. 53), daß der letztere
„nach den ihm ertheilten Anweisungen" oder
selbständig die Ziele des Feuers zu bestimmen hat. Je
weniger lange aber in den Gefechten der Zukunft
die Feuerleitung einer, einen bestimmten Gefechts=
zweck anstrebenden Kompagnie in der Hand des
ersten Führers bleiben wird, um so mehr war es
richtig, daß wenigstens beim Beginn des Gefechtes
der Hauptmann das Feuer beherrschte. Bezüglich
des Platzes, welchen der Führer einzunehmen hat,
bestimmt das Reglement diejenige Stelle und die=
jenige Körperlage, welche im Ernstfall eingenommen
werden würde (II. Nr. 53). Der Hauptmann war
in der feuernden Schützenlinie überall abgesessen,
knieend oder liegend, je nach der Körperlage der

Schützen und etwas hinter ihnen, entweder hinter der Mitte oder hinter dem Windflügel. Es mag an dieser Stelle der Wunsch ausgesprochen werden, daß die das Feuer leitenden Führer wie bei der Feldartillerie von dem Ziehen des Degens entbunden werden möchten. Krimmstecher und Schützenpfeife sind nöthiger in der Hand als das Seitengewehr; auch die Möglichkeit, die Karte zu handhaben, darf durch das Halten der Klinge nicht beeinträchtigt werden. Im Fall der Nothwehr bezw. im Handgemenge steht ja nichts im Wege, das Schwert zu ziehen, wenn nicht das Vertrauen zum Revolver größer sein sollte.

Die nach der Schießvorschrift und dem Reglement dem Führer der Kompagnie zustehende Sorge für den Munitionsersatz konnte bei den Uebungen nicht zum Ausdruck gebracht werden. Um so mehr muß betont werden, daß diese Frage für die Wirklichkeit eine ebenso schwierige, als praktisch noch ungelöste ist. Einen Anhalt giebt die Felddienstordnung Theil I. Nr. 313 bis 321.

Der Zugführer wird in Zukunft der Hauptträger der Feuerleitung sein. Nachdem er seinen Zug sachgemäß placirt — was, wie wir gesehen, nicht leicht ist — und seinen eigenen Platz nach obigen Grundsätzen richtig gewählt hat, muß er Ziel und Feuereröffnung, sei es von Anfang an, sei es später, selbständig bestimmen. Außerdem liegen ihm folgende Pflichten ob: 1) die Angabe des Visirs bezw. Visirwechsels; 2) die Wahl der Feuer-

art; 3) die Beobachtung der Wirkung; 4) die
Ueberwachung des Patronenverbrauches, wozu
nach der Schießvorschrift die Angabe, aus welcher
Tasche geladen werden soll, gehört. Hierzu tritt die
Anforderung, gemeinsam mit den in der Gefechts=
linie anschließenden Zügen zu wirken. Endlich steht
im Reglement noch die bedeutsame und immerhin zur
Feuerleitung gehörende Bestimmung, daß er aus
eigener Verantwortung sich eines Vortheiles im Ge=
lände oder gegen den Feind zu bemächtigen hat.
Wahrlich eine innerlich und äußerlich große Fülle
von Obliegenheiten, in denen die Zugführer aus=
und weiterzubilden eine der wichtigsten Pflichten der
oberen Führer, speziell der Kompagniechefs bleibt.
Sachliche Besprechung und Belehrung bei jeder ein=
zelnen Uebung, die aus der Selbständigkeit ent=
springende Freudigkeit und endlich Routine werden
hierbei die leitenden Gesichtspunkte bleiben müssen.

Auch die Gruppenführer entsprachen den An=
forderungen der Feuerleitung. Das Reglement läßt
(II. Nr. 56) die Bestimmung der Schießvorschrift, daß
der Gruppenführer die Geschoßeinschläge zu beob=
achten hat (§ 40, Nr. 7, S. 106), wohl als praktisch
unausführbar, fort, schließt sich aber allen anderen
an: Die Einrichtung der Schützen in dem über=
wiesenen Bereich ist an sich schwieriger, als beim
Zuge, weil neben Schußfeld und Deckung noch auf
das Verhältniß zum Zuge zu sehen ist. Es muß
bei dieser Gelegenheit das Verfahren der Gruppen=
führer, das Gerippe für die von hinten sich ein=

schiebende Schützenlinie zu bilden, noch einmal er=
wähnt, ebenso noch einmal der Nachtheil betont
werden, den das Herausreißen einzelner Gruppen
und Leute aus dem Zuge zum Zweck besserer Deckung
hat. Das Nachpfeifen und Kommandiren, das
Weitergeben von Befehlen, das laute Melden
wichtiger Vorkommnisse beim Feinde zeigte sich überall
als eingebürgert. Speziell das Nachkommandiren,
welches nach Regl. I. Nr. 135 und Schießvorschrift
§ 40 Nr. 5 von den „weiter entfernten" Gruppen=
führern ausgeführt werden soll, geschah als praktische
Vorübung für den Ernstfall seitens aller Gruppen=
führer. Auch stellte es sich bei den meisten Kom=
pagnien als praktisches Bedürfniß heraus, die immerhin
langen vier Kommandos in vier Absätzen nachkomman=
diren zu lassen. Der Führer hatte dadurch die
Gewißheit, daß jedes einzelne Kommando verstanden
war, und das Gedächtniß der Gruppenführer wurde
nicht überbürdet. Die Schießvorschrift befiehlt dies
auch (§ 40, Nr. 5, S. 103) direkt, während das
Reglement (I. Nr. 135, S. 53) die Art des Nach=
kommandirens in das Belieben der Kompagnien stellt.
Auch die Kontrole der richtigen Visirstellung,
die Beaufsichtigung des Patronenverbrauches,
sowie des richtigen Verhaltens der Leute beim
Laden, Anschlag, Zielen, Abdrücken war überall den
Gruppenführern eigen geworden. Nur das Nach=
füllen des Magazins hörte man dieselben selten
anordnen, weil die höheren Führer den Befehl dazu
gaben. Vergessen diese es aber, so bleibt die Sorge

für diese wichtige Ergänzung die im Reglement aus=
gesprochene Pflicht der Gruppenführer.

Schließlich sei über die Obliegenheiten der ein=
zelnen Chargen noch bemerkt, daß bei der verheeren=
den Wirkung der zukünftigen Feuergefechte die Führer
noch mehr wie in den vergangenen Kriegen durch
Verluste leiden werden. Dies fordert zu einer Her=
anbildung von Ersatz schon im Frieden auf. Das
Reglement ordnet bei der Einzelausbildung als Schütze
(I. Nr. 66) an, daß die besseren Leute im Laufe
der Dienstzeit zu Gruppenführern ausgebildet werden
sollen. Sinngemäß empfiehlt es sich, für Stellver=
treter von Zug= und Kompagnieführern im Interesse
der Feuerleitung schon im Frieden zu sorgen, sowie
bei jeder Uebung von vornherein diese Stellvertreter
namentlich zu bezeichnen und zu vertheilen.

Soweit die Anwendung der von der Schießvor=
schrift aufgestellten Hauptgrundsätze auf die Feuer=
leitung bei der Vorstellung der Kompagnien. Möge
die Erörterung zum Nachdenken oder auch zum
Widerspruch anregen, in beiden Fällen ist der Zweck
erreicht. Wenn aber während der Untersuchungen
zu sehr ins Einzelne gegangen ist, so möge die Be=
merkung erlaubt sein, daß auf dem Gebiete der

Feuerleitung nichts unwesentlich ist. Der kleinste Fehler im Handeln oder Unterlassen kostet uns Blut, erhält dem Feinde Leben. Das beste Mittel aber, eigene Verluste zu vermeiden, ist und bleibt, dem Feinde Verluste beizubringen!

Gedruckt in der Königl. Hofbuchdruckerei von F. S. Mittler & Sohn in Berlin, Kochstraße 68—70.